책을 읽는 당신에게

문장수집가

No3. BOOK LOVER

PROLOGUE

PROLOGUE

나의 취미는 문장을 모으는 일

정체 모를 공허함과 알 수 없는 불안감 속에서
위안과 용기를 건네는 단 하나의 문장을 찾아서

세 번째 『문장수집가』 '책 애호가 BOOK LOVER'는

모든 것이 빠르게 돌아가는 이 시대에

조금은 천천히 가도 된다고 믿는,

나의 취향을 알아서 선택하고 판단하는

인공지능과 알고리즘에 휘둘리지 않는,

무형의 가상 세계보다 실존하는 현실 세계를 지향하는,

바스락거리는 책장의 감촉을 소중히 여기는,

무수히 많은 텍스트 사이에서 눈길을 사로잡는 문장을

발견할 때의 반가움을 느끼는,

바로 당신을 위해 만들어졌습니다.

책을 읽는 일은, 영화나 음악 감상과 달리
책과 나 사이의 일대 일 관계성이 존재합니다.
그 은밀하고 특별한 유대감을 경험하는 순간,
세상을 살아가는 일이 더 이상 외롭지 않다는 걸
깨닫을 수 있으리라 믿습니다.

PROLOGUE

문장수집가 사용법

1

책을 읽고 싶은데 막상 내키지 않을 때

아무리 책을 좋아하는 사람이라도 언제나 책을 읽고 싶은 건 아니지 않나요? 그런 순간이 오면, 책장을 펼쳐서 책을 사랑하는 이들이 말하는 책에 대한 문장들을 살펴보세요. 분명 당장이라도 책을 읽고 싶은 마음이 다시 샘솟을 거예요.

2

마음에 드는 문장을 내 것으로 만들어 보세요.

책장을 넘기다 보면 왠지 모르게 마음이 가는 문장을 발견할 수 있을 거예요. 우선 눈으로 읽고, 다음엔 입으로 읊조려보고, 마지막으로 손으로 적어 보세요. 일부러 외우려고 하지 않아도 문득 문득 이 때 체화된 문장이 생각이 나는 순간을 경험하실 수 있을 거랍니다.

3

책을 좋아하는 지인에게 선물하세요.

책은 사람마다 취향이 뚜렷한 물건이에요. 내 마음에 들었어도, 상대방에겐 다르게 와닿을 수도 있어요. 하지만, '책과 관련된 문장'은 호불호가 없이 누구에게나 환영받는 책 선물이 될 수 있을 거예요.

4

항상 가방에 넣어 다니세요.

사람들이 모이는 장소에서 가만히 지켜보고 있으면, 대부분 스마트폰을 뚫어지게 바라보고 있어요. 게임을 하거나 문자를 보내거나 혹은 영상을 보면서 시간을 보내는 이들 사이에서, 책을 사랑하는 당신은 당당하게 가방 속에서 책을 꺼내 보세요.

5

자신의 소셜미디어에 활용해 보세요.

가끔은 음식 사진이나 핫플레이스 사진 이외에도, 마음에 드는 문장을 찍어서 핸드폰 바탕화면이나 인스타그램 피드에 올려 보세요. 당신의 지적인 면모가 한층 돋보일 수 있을 거랍니다.

1

We read many books, because we cannot know enough people.

T.S. Eliot

우리는 사람들에 대해 알고 싶기 때문에 많은 책을 읽습니다.

T.S. 엘리엇, 시인, 1888-1965

2

Reading gives one something to think about other than one's self.

Tom Bissell

독서는 자기 자신이 아닌 다른 것에 대해 생각할 기회를 줍니다.

톰 비셀, 저널리스트, 1974-

3

I think reading is part of the birthright of the human being.

LeVar Burton

나는 독서가 인간의 타고난 권리의 일부라고 생각한다

레바 버턴, 배우 & 감독, 1957-

I read for pleasure

Margaret Atwood

and that is
the moment
I learn the most.

나는 즐거움을 위해 책을 읽었고 그때가 내가 가장 많이 배우는 순간이다.

마가렛 애트우드, 작가, 1939-

5

There was nothing else in my life but sketching and reading.

Karl Lagerfeld

내 인생에서 스케치와 독서 외에 다른 것은 없었습니다.

칼 라거펠트, 디자이너, 1933-2019

6

Books are the best friends you can have; they inform you, and entertain you, and they don't talk back.

John Steinbeck

책은 당신이 가질 수 있는 가장 좋은 친구입니다.
그들은 당신에게 정보를 제공하고, 당신을 즐겁게 하며, 성가시게 하지 않습니다.

존 스타인벡, 소설가, 1902–1968

7

BOOKS ARE *a* NARCOTIC.

Franz Kafka

책은 마약이다.

프란츠 카프카, 소설가, 1883-1924

8

Reading was my escape and my comfort, my consolation, my stimulant of choice: reading for the pure pleasure of it, for the beautiful stillness that surrounds you when you hear an author's words reverberating in your head.

Paul Auster

독서는 나의 도피처이자 평안이자 위안이자 선택의 자극제였습니다.
: 순수한 즐거움을 위한 독서, 머릿속에 울리는 작가의 말을 들을 때
당신을 둘러싸고 있는 아름다운 고요함을 위한 독서.

폴 오스터, 소설가, 1947–

9

The Only way
to do all the things
you'd like to do

is to read.

Tom Clancy

하고 싶은 일을 모두 할 수 있는 유일한 방법은 책을 읽는 것뿐입니다.

톰 클랜시, 소설가, 1947-2013

10

WEAR THE OLD COAT

Austin Phelps

헌 코트를 입고 새 책을 사세요.

오스틴 펠프스, 성직자 & 교육자, 1820-1890

&
BUY
THE
NEW
BOOK.

11

WE READ TO KNOW WE ARE NOT ALONE.

C.S. Lewis

독서는 우리가 혼자가 아니라는 것을 알게 해준다.

C.S. 루이스, 소설가, 1898~1963

12

Think before you speak. Read before you think.

Fran Lebowitz

말하기 전에 생각해라. 생각하기 전에 읽어라.

프랜 레보위츠, 영화배우 & 작가, 1950-

13

Let us read,
and let us dance;
these two amusements
will never do any
harm to the world.

Voltaire

읽고 춤추자. 이 두 가지 유희는 세상에 해를 끼치지 않을 것이다.

볼테르, 철학가, 사상가 & 작가, 1694-1778

Books are not made for furniture, but there is nothing else that so beautifully furnishes a house.

Henry Ward Beecher

책은 가구가 아니다, 하지만 책보다 방을 아름답게 꾸밀 수 있는 가구는 없다.

헨리 워드 비처, 성직자, 1813~1887

A ROOM WITHOUT BOOKS IS LIKE A BODY WITHOUT A SOUL.

Marcus Tullius Cicero

책 없는 방은 영혼 없는 육체와도 같다.

마르쿠스 툴리우스 키케로, 정치가 & 사상가, B.C. 106-B.C. 43

16

Ahhh.

Bed, book,

kitten,

sandwich.

All

one

needed

in life,

really.

Jacqueline Kelly

아~. 침대, 책, 고양이, 샌드위치. 인생에서 필요한 모든 것이다, 정말로.

재클린 켈리, 아동 문학가, 연도미상

Henri Matisse, La liseuse au guéridon, 1921

17

OUTSIDE OF A DOG, A BOOK IS MAN'S BEST FRIEND. INSIDE OF A DOG IT'S TOO DARK TO READ.

Groucho Marx

개를 제외하고 책은 인간의 가장 좋은 친구다. 개에 푹 빠져 있으면 독서를 할 수 없다.

그루초 마르크스, 배우 & 코미디언, 1890–1977

THERE IS MORE TREASURE
IN BOOKS THAN IN ALL
THE PIRATE'S LOOT ON
TREASURE ISLAND.

Walt Disney

책에는 보물섬에 있는 모든 해적들의 보물보다 더 많은 보물이 있다.

월트 디즈니, 기업가, 1901–1966

19

Literature is my Utopia. Here I am not disenfranchised. No barrier of the senses shuts me out from the sweet, gracious discourses of my book friends. They talk to me without embarrassment or awkwardness.

Helen Keller

문학은 나의 유토피아입니다. 여기서 나는 권리를 박탈당하지 않습니다.
어떤 감각의 장벽도 내 책 친구들의 달콤하고 은혜로운 연설에서 나를 막지 못합니다.
그들은 창피함이나 어색함 없이 나에게 말을 겁니다.

헬렌 켈러, 교육자 & 작가, 1880-1968

20

My best friend is the man who'll get me a book I ain't read.

Abraham Lincoln

나의 가장 친한 친구는 내가 읽지 않은 책을 사줄 사람이다.

아브라함 링컨, 미국 전대통령, 1809-1865

21

BOOKS

Laurie Anderson

SAVE LIVES.

책이 생명을 구한다.

로리 앤더슨, 감독 & 배우, 1947-

22

A reader lives a thousand lives before he dies. The man who never reads lives only one.

George R.R. Martin

독서하는 사람은 죽기 전 천 번의 인생을 경험하지만,
독서하지 않는 자는 고작 하나의 인생밖에 경험하지 못한다.

조지 R.R. 마틴, 작가, 1948-

23

Reading is to the mind what exercise is to the body and prayer is to the soul.

Matthew Kelly

독서는 정신에 대한 것이며 운동은 몸에 대한 것이고 기도는 영혼에 대한 것입니다.

매튜 켈리, 작가, 1973-

24

I HAVE NEVER KNOWN ANY DISTRESS THAT AN HOUR'S READING DID NOT RELIEVE.

Montesquieu

나는 한 시간의 독서로 풀리지 않는 어떤 괴로움도 알지 못했다.

몽테스키외, 사상가, 1689-1755

To acquire the habit of reading is to construct for yourself a refuge from almost all the miseries of life.

W. Somerset Maugham

독서 습관을 들이는 것은 삶의 거의 모든 불행으로부터 자신을 위한 피난처를 만드는 것이다.

W. 서머셋 몸, 작가, 1874-1965

26

Reading is sometimes an ingenious device for avoiding thought.

Arthur Helps

때때로 독서는 생각하지 않기 위한 기발한 수단이다.

아서 헬프스, 작가, 1813–1875

I GET CRAZY IN A BOOKSTORE. IT MAKES MY HEART BEAT HARD BECAUSE I WANT TO BUY EVERYTHING.

Reese Witherspoon

나는 서점만 가면 미친다. 다 사고 싶어서 가슴이 두근거려서.

리즈 위더스푼, 배우, 1976-

28

DON'T JUDGE A BOOK

George Eliot

BY ITS COVER.

표지로 책을 판단하지 마세요.

조지 엘리엇, 작가, 1819-1880

A MAN IS KNOWN BY THE BOOKS HE READS.

Ralph Waldo Emerson

사람은 그가 읽는 책으로 어떤 사람인지 알 수 있다.

랄프 왈도 에머슨, 시인 & 사상가, 1803-1882

30

WITH BOOKS WE STAND ON THE SHOULDERS OF GIANTS.

John Locke

책과 함께 있는 것은 거인의 어깨 위에 있는 것과 같다.

존 로크, 철학자, 1632-1704

31

WE LIVE FOR BOOKS.

Umberto Eco

우리는 책을 위해 산다

움베르토 에코, 소설가 & 철학자, 1932-2016

32

A book is proof that humans are capable of working magic.

Carl Sagan

책은 인간이 마법을 부리는 능력이 있다는 증거다.

칼 세이건, 천문학자 & 작가, 1934-1996

Harper Lee

I'm still old-fashioned. I love dusty old books and libraries.

나는 여전히 구식입니다. 나는 먼지투성이의 오래된 책과 도서관을 좋아합니다.

하퍼 리, 소설가, 1926-2016

34

READING IS IMPORTANT. IF YOU KNOW HOW TO READ THEN THE WHOLE WORLD OPENS UP TO YOU.

Barack Obama

독서는 중요합니다. 읽을 줄 안다면 온 세상이 당신에게 열립니다.

버락 오바마, 미국 전대통령, 1961-

Reading is escape, and the opposite of escape.

Nora Ephron

독서는 도피이며, 도피의 반대말이기도 하다

노라 에프론, 영화 감독, 1941- 2012

36

Reading is the key that opens doors to many good things in life.
Reading shaped my dreams, and more reading helped me make my dreams come true.

Ruth Bader Ginsburg

독서는 인생의 많은 좋은 일의 문을 여는 열쇠입니다.
독서는 내 꿈을 형성했고, 더 많은 독서는 내 꿈을 이루는 데 도움이 되었습니다.

루스 베이더 긴즈버그, 법조인, 1933–2020

37

EACH BOOK WAS A WORLD UNTO ITSELF, AND IN IT I TOOK REFUGE.

Alberto Manguel

각 책은 그 자체로 하나의 세계이다. 나는 그 안에 피난처를 두었다.

알베르토 망구엘, 작가, 1948-

38

What kind of life can you have in a house without books?

Sherman Alexie

책 없는 집에서 어떤 삶을 살 수 있나요?

셔먼 알렉시, 작가, 1966-

39

THE READIN
GOOD BOO
A CONVERS
THE FINEST
PAST CENT

René Descartes

모든 좋은 책을 읽는 것은 지난 세기의 가장 훌륭한 사람들과의 대화와 같다.

르네 데카르트, 철학자, 1596–1650

OF ALL
S IS LIKE
ATION WITH
INDS OF
RIES.

40

It is not true that we have only one life to live; if we can read, we can live as many more lives and as many kinds of lives as we wish.

S. I. Hayakawa

우리에게 인생이 한 번뿐이라는 것은 사실이 아닙니다.
우리가 읽을 수 있다면 우리는 원하는 만큼 더 많은 삶과 다양한 삶을 살 수 있습니다.

S. I. 하야카와, 학자 & 정치인, 1906-1992

WE READ BOOKS TO FIND OUT WHO WE ARE.

Ursula K. Le Guin

우리는 우리가 누구인지 알아보기 위해 책을 읽습니다.

어슐러 K. 르 귄, 소설가, 1929-2018

Pierre Auguste Renoir, Reading Woman,
1900

Books and doors are the same thing. You open them, and you go through into another world.

Jeanette Winterson

책과 문은 같은 것이다. 당신은 그것들을 열고, 다른 세계로 들어간다.

재닛 윈터슨, 작가, 1959-

43

Bill Watterson

RAINY DAYS SHOULD BE SPENT AT HOME WITH A CUP OF TEA AND A GOOD BOOK.

비오는 날은 집에서 차 한잔과 좋은 책으로 보내야 한다

빌 워터슨, 만화가, 1958-

I had found my religion: nothing seemed more important to me than a book. I saw the library as a temple.

Jean-Paul Sartre

나는 종교를 찾았다. 책보다 더 중요한 것은 없을 것 같다. 도서관이 신전으로 보일 정도다.

장 폴 사르트르, 철학자 & 작가, 1905-1980

45

I have always imagined that paradise will be a kind of library.

Jorge Luis Borges

나는 줄곧 천국에는 도서관이 있을 것이라고 상상해 왔다.

호르헤 루이스 보르헤스, 철학자 & 작가, 1899-1986

Anna Quindlen

Books are the plane, and the train, and the road. They are the destination, and the journey. They are home.

책은 비행기고 기차이고 길입니다. 책은 목적지이자 여행입니다. 그들은 집에 있습니다.

안나 퀸들렌, 작가 & 언론인, 1953-

47

I can feel infinitely alive curled up on the sofa reading a book.

Benedict Cumberbatch

소파에 웅크리고 앉아 책을 읽고 있으면 무한한 생명력이 느껴집니다.

베네딕트 컴버배치, 배우, 1976-

48

I'M READING! I DON'T WANT TO BE DISTURBED!

Italo Calvino

읽고 있어요! 방해받고 싶지 않아!

이탈로 칼비노, 소설가, 1923-1985

49

It is well to read everything of something, and something of everything.

Joseph Brodsky

모든 것, 모든 것의 모든 것을 읽는 것이 좋습니다.

조셉 브로드스키, 시인, 1940-1996

50

I'm a very ordinary human being.
I just happen to like reading books.

Haruki Murakami

나는 책을 읽는 것을 좋아하는 아주 평범한 사람이다.

무라카미 하루키, 작가, 1949-

People *who read* are people *who dream.*

Pablo Picasso

책 읽는 사람은 꿈꾸는 사람이다.

파블로 피카소, 화가, 1881-1973

52

My library is an archive of longings.

Susan Sontag

내 서재는 그리움의 아카이브다.

수잔 손탁, 소설가, 1933-2004

53

READ IN ORDER TO LIVE.

Gustave Flaubert

살기 위해 읽어라.

귀스타브 플로베르, 소설가, 1821-1880

54

Reading forces you to be quiet in a world that no longer makes place for that.

John Green

독서는 더 이상 그럴 수 없는 세상에서 당신을 고요하게 만듭니다

존 그린, 소설가, 1977-

THE ACT OF READING IS A PARTNERSHIP. THE AUTHOR BUILDS A HOUSE, BUT THE READER MAKES IT A HOME.

Jodi Picoult

읽는 행위는 동반자 관계입니다. 작가는 집을 짓지만, 독자는 집을 만듭니다.

조디 피콜트, 소설가, 1966-

I think bool
people in th
they'll turn
life when y
them.

Emma Thompson

are like
sense that
p in your
most need

나는 책이 사람과 같다고 생각한다. 가장 필요할 때 당신의 삶에 찾아오는 것처럼 말이다.

엠마 톰슨, 배우, 1959-

57

I READ BOOKS

Elon Musk

나는 책을 읽습니다.

일론 머스크, 기업가, 1971–

If you cannotread all your books...fondle the

will, read from the first sentence that arrests

your own hands, arrange them on your own p

friends; let *them, at any* rate, be your

만약 당신이 당신의 모든 책을 읽을 수 없다면…
그것들을 만지십시오. 그것들을 들여다보고, 그들이 원하는 곳에 펼쳐지게 하십시오.
눈을 사로잡는 첫 번째 문장부터 읽고, 자신의 손으로 선반에 다시 놓고,
스스로 정리하십시오. 적어도 그들이 어디에 있는지 알 수 있도록 계획하십시오.
그들이 당신의 친구가 되게 하십시오. 어쨌든 그들이 당신의 지인이 되게 하십시오.

윈스턴 처칠, 전 영국 총리, 1874-1965

er into them, let them fall open where they

e, set them back on the shelves with

hat you at least know where they are. Let them be your

acquaintances.

Winston Churchill

The reading of all good books is like a conversation with the finest minds of past centuries.

Immanuel Kant

모든 좋은 책을 읽는 것은 지난 세기의 가장 훌륭한 사람들과 대화하는 것과 같다.

임마누엘 칸트, 철학자, 1724-1804

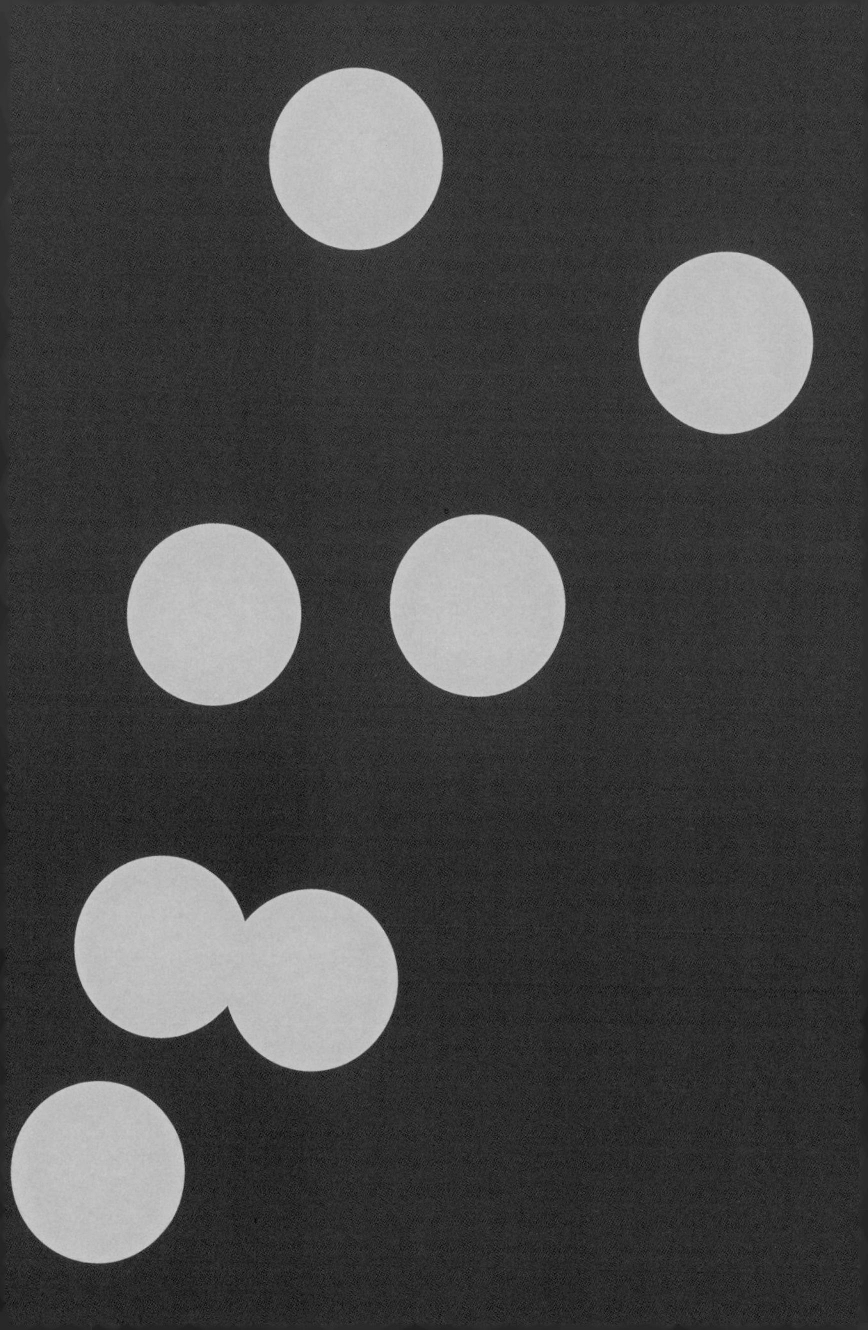

I CANN

나는 책 없이는 살 수 없다.

토마스 제퍼슨, 미국 전대통령, 1743-1826

WITHOU

OT LIVE

Thomas Jefferson

BOOKS.

61

A BOOK WORTH READING IS WORTH OWNING.

John Ruskin

읽을 가치가 있는 책은 소유할 가치가 있다.

존 러스킨, 평론가, 1819-1900

62

Take a good book to bed with you—books do not snore.

Thea Dorn

좋은 책을 가지고 잠자리에 들어라. 책은 코를 골지 않는다.

테아 돈, 작가, 1970-

63

If I had my life to live over again,

I would
have made a
rule to read
some poetry
and listen
to some
music at
least once
every week.

Charles Darwin

인생을 다시 살 수 있다면 일주일에 한 번 이상 시를 읽고 음악을 듣는 규칙을 만들 것이다.

찰스 다윈, 생물학자, 1809-1882

64

IF YOU READ,

Kurt Cobain

YOU'LL JUDGE.

읽으면 판단할 수 있다.

커트 코베인, 가수, 1967–1994

65

Read. Read anything. Read the things they say are good for you, and the things they claim are junk. You'll find what you need to find. Just read.

Neil Gaiman

읽으세요. 무엇이든 읽으십시오. 그들이 당신에게 좋다고 말하는 것과 그들이 쓰레기라고 주장하는 것을 읽으십시오. 당신은 당신이 찾아야 할 것을 찾을 것입니다. 그냥 읽으세요.

닐 게이먼, 소설가, 1960-

I SPEND A LOT OF TIME READING.

Bill Gates

나는 책을 읽는 데 많은 시간을 보낸다.

빌 게이츠, 기업가, 1955-

A truly great book should be read in youth, again in maturity and once more in old age, as a fine building should be seen by morning light, at noon and by moonlight.

Robertson Davies

위대한 책은 젊었을 때, 어른이 되었을 때, 그리고 노년에 다시 한번 읽어야 합니다.
훌륭한 건물도 아침 햇살, 정오, 달빛에 의해 달라 보이는 것과 같습니다.

로버트슨 데이비스, 소설가, 1913-1995

68

IT IS WITH THE READING OF BOOKS THE SAME AS WITH LOOKING AT PICTURES; ONE MUST, WITHOUT DOUBT, WITHOUT HESITATIONS, WITH ASSURANCE, ADMIRE WHAT IS BEAUTIFUL.

Vincent van Gogh

책을 읽는 것은 그림을 보는 것과 같다.
의심의 여지 없이, 망설임 없이, 확신을 갖고, 아름다운 것에 감탄해야 한다.

빈센트 반 고흐, 화가, 1853–1890

I am a part of everything that I have read.

Theodore Roosevelt

나는 내가 읽은 모든 것의 일부입니다.

시어도어 루즈벨트, 미국 전대통령, 1858–1919

70

Books are a friend, books are an escape, books are a means to empowerment and books are a means to understanding yourself better and in a world around you. They are everything.

Emma Watson

책은 친구이고, 책은 도피처이며, 책은 권한을 부여하는 수단이며,
책은 자신과 주변 세계를 더 잘 이해하는 수단입니다. 그들은 모든 것입니다.

엠마 왓슨, 배우, 1990-

71

BOOKS MAY WELL BE THE ONLY TRUE MAGIC.

Alice Hoffman

책은 아마도 유일한 진짜 마법일 것이다.

앨리스 호프만, 작가, 1952-

72

the more that you read, the more things you will know, the more that you learn, the more places you'll go.

Dr. seuss

더 많이 읽을수록 더 많은 것을 알게 될 것이고,
더 많이 배울수록 더 많은 곳으로 가게 될 것이다

닥터 수스, 만화가 & 작가, 1904-1991

Let's be reasonable and add an eighth day to the week that is devoted exclusively to reading.

Lena Dunham

우리는 좀 더 이성적으로, 독서에만 전념할 수 있게 한 주에 여덟 번째 날을 추가해야 한다.

리나 더넘, 영화 감독 & 배우, 1986-

74

When we read a story, we inhabit it. The covers of the book are like a roof and four walls. What is to happen next will take place within the four walls of the story. And this is possible because the story's voice makes everything its own.

John Berger

이야기를 읽을 때, 우리는 그 이야기 속에 사는 것과 같습니다. 책의 표지는 지붕과 네 개의 벽과 같습니다. 다음에 일어날 일은 이야기의 네 벽 안에서 일어날 것입니다. 그리고 이것은 이야기가 모든 것을 자신의 것으로 만들기 때문에 가능합니다.

존 버거, 작가 & 미술 평론가, 1926-2017

75

FINISHING A GOOD BOOK IS LIKE LEAVING A GOOD FRIEND.

William Feather

좋은 책을 끝내는 것은 좋은 친구를 떠나는 것과 같다.

윌리엄 페더, 작가, 1889-1981

I love to read.
I wish I could advise more
people to read.
There's a whole new world
in books.
If you can't afford to travel,
you travel mentally through
reading. You can see
anything and go any place
you want to in reading. Michael Jackson

나는 책 읽는 것을 좋아합니다. 더 많은 사람들이 읽을 수 있도록 조언하고 싶습니다.
책에는 완전히 새로운 세계가 있습니다. 여행을 갈 여유가 없다면 독서를 통해 정신적으로
여행을 떠나십시오. 당신은 무엇이든 볼 수 있고 읽고 싶은 곳으로 갈 수 있습니다.

마이클 잭슨, 가수, 1958-2009

T
WO
BELO
THOSE
WH

세상은 읽는 자의 것이다.

릭 홀랜드, 시인, 1978-

VLADIMIR NABOKOV	블라디미르 나보코프	소설가, 1899~1977
VOLTAIRE	볼테르	철학가, 사상가&작가, 1694~1778

W

W. SOMERSET MAUGHAM	W. 서머셋 몸	작가, 1874~1965
WALT DISNEY	월트 디즈니	기업가, 1901~1966
WILLIAM FEATHER	윌리엄 페더	작가, 1889~1981
WINSTON CHURCHILL	윈스턴 처칠	전 영국 총리, 1874~1965
WOODY ALLEN	우디 앨런	영화 감독, 1935~

발행처	어반북스
발행인	이윤만
편집장	김태경
기획	아틀리에 드 에디토
책임편집	서상화
디자인	mohsgraphic
주소	경기도 하남시 미사대로 540 B동 328호
이메일	info@urbanbooks.co.kr
연락처	070-8639-8004
ISBN	979-11-89096-34-2

문장수집가

2022년 10월 26일 초판 1쇄 인쇄

2022년 11월 11일 초판 1쇄 발행

가격 19,500krw

『문장수집가』는 도시 콘텐츠 전략 미디어 그룹 어반북스의 콘텐츠 레이블 '아틀리에 드 에디토 Atelier de Edito'에서 선보이는 단행본 시리즈입니다. 넘쳐나는 언어의 홍수 속에서 사유의 문장들을 그래픽 디자이너의 동시대적인 감각으로 선보입니다. @atelier_de_edito

E

RLD

NGS

TO

Rick Holland

D READ.

Reading is a discount ticket to everywhere.

Mary Schmich

독서는 모든 곳으로 가는 할인 티켓이다.

메리 슈미히, 기자, 1953-

The most technologically efficient machine that man has ever invented is the book.

Northrop Frye

인간이 발명한 가장 기술적으로 효율적인 기계는 책이다.

노스롭 프라이, 평론가, 1912-1991

amara de Lempicka, Kizette in Pink,
926

80

A BOOK THAT IS SHUT

Thomas Fuller

IS BUT A BLOCK.

닫혀 있는 책은 블록일 뿐이다.

토마스 풀러, 성직자 & 역사가, 1608-1661

81

EVERY BOOK IN THE WORLD IS OUT THERE WAITING TO BE READ BY ME.

Roberto Bolaño

세상의 모든 책은 내가 읽기를 기다리고 있습니다.

로베르트 볼라뇨, 소설가, 1953-2003

82

I READ IN SELF-DEFENSE.

Woody Allen

나 자신을 지키기 위해 책을 읽는다.

우디 앨런, 영화 감독, 1935-

83

I read a book one day and my whole life was changed.

Orhan Pamuk

어느 날 책을 읽고 내 인생 전체가 바뀌었다.

오르한 파묵, 소설가, 1952-

BEliev

eveR

yOu

당신이 읽는 모든 것을 믿어라.

커트 코베인, 가수, 1967–1994

Kurt Cobain

thinG

ReaD.

85

Reading is the sole means by which we slip, involuntarily, often helplessly, into another's skin, another's voice, another's soul.

Joyce Carol Oates

독서는 우리를 무의식적으로 다른 사람의 피부, 다른 사람의 목소리,
다른 사람의 영혼에 빠져들게 하는 유일한 수단입니다.

조이스 캐롤 오츠, 소설가, 1938-

86

If you are a parent, introduce your children to their neighborhood library. It will give them a real sense of independence to have their own library card and enjoy borrowing books.

Sarah Jessica Parker

당신이 부모라면 자녀에게 동네 도서관을 소개해주세요.
자신의 도서관 카드를 가지고 책을 빌리는 것은 그들에게 진정한 독립심을 심어줄 수 있습니다.

사라 제시카 파커, 배우, 1965-

87

Reading is thinking with someone else's head instead of one's own.

Arthur Schopenhauer

독서는 자신의 머리가 아닌 다른 사람의 머리로 생각하는 것입니다.

아서 쇼펜하우어, 철학자, 1788-1860

88

READING BEGETS READING.

Nick Hornby

읽기는 읽기를 낳는다.

닉 혼비, 소설가, 1957–

89

Knowing you have something good to read before bed is among the most pleasurable of sensations.

Vladimir Nabokov

자기 전에 읽을 만한 것이 있다는 것을 아는 것은 가장 즐거운 감각 중 하나입니다.

블라디미르 나보코프, 소설가, 1899-1977

I'VE LOVED READING ALL MY LIFE.

John Wayne

나는 평생 독서를 좋아했습니다.

존 웨인, 배우, 1907-1979

I STILL LOVE
THE BOOK-NESS
OF BOOKS,
THE SMELL OF
BOOKS: I AM
BOOK FETISHIST
– BOOKS TO
ME ARE THE
COOLEST
AND SEXIEST
AND MOST
WONDERFUL
THINGS THERE
ARE.

Neil Gaiman

나는 여전히 책의 물성, 책의 냄새를 사랑한다. 나는 책의 숭배자다.
나에게 책은 세상에서 가장 쿨하고, 섹시하며 가장 멋진 것이다.

닐 게이먼, 소설가, 1960-

92

Irving Stone

There are no faster or firmer friendships than those formed between people who love the same books.

같은 책을 사랑하는 사람들 사이에 형성된 우정보다 더 빠르고 단단한 우정은 없다.

어빙 스톤, 작가, 1903-1989

93

THE BEST FASHION ACCESSORY IS A BOOK.

Vivienne Westwood

최고의 패션 소품은 책이다.

비비안 웨스트우드, 디자이너, 1941-

94

I've spent 80 years trying to learn how to read and yet I can't say I've learned it all.

Goethe

나는 독서하는 법을 배우기 위해서 80년이라는 세월을 바쳤는데도
아직까지 그것을 다 배웠다고 말할 수 없다.

괴테, 철학자, 1749-1832

NEVER PUT OFF TILL TOMORROW THE BOOK YOU CAN READ TODAY.

Holbrook Jackson

오늘 읽을 책을 내일로 미루지 마라.

홀브룩 잭슨, 저널리스트, 작가, 1874-1948

He controls his mind by reading, as by medicine.

Gaius Julius Caesar

약으로 병을 다스리듯이, 독서로 마음을 다스린다.

율리우스 카이사르, 정치가, B.C. 100-B.C. 44

People don't realize how a man's whole
life can be changed by one book.

Malcolm X

사람들은 한 권의 책으로 한 사람의 인생이 어떻게 바뀔 수 있는지 깨닫지 못합니다.

말콤 엑스, 미국 인권 운동가, 1925-1965

98

SOME BOOKS ARE BE TASTED, OTHERSTO BE SWALLOWED, AND SOME FEW TO BE CHEWED AND DIGESTED.

Francis Bacon

어떤 책들은 맛만 봐도 되는 책들이 있고, 다른 어떤 책들은 삼켜야 하는 것들도 있다.
그리고 아주 극소수의 책들은 잘 씹어서 소화까지 시켜야 하는 책들도 있다.

프랜시스 베이컨, 사상가, 1561-1626

Anders Leonard Zorn, Rydberg Viktor, 1890

99

Money only own a library of books are full of rather than a house dress.

John Lyly

돈으로만 치장한 집보다는 책이 가득한 서재를 소유하라.

존 릴리, 작가, 1554-1606

100

Reading a book is creating one's future.

Ralph Waldo Emerson

책을 읽는다는 것은 자신의 미래를 만든다는 것이다.

랄프 왈도 에머슨, 사상가, 1803-1882

101

BO
T
EN
ENTERTA
IN TH

책은 세상에서 가장 즐거운 오락이다.

이동진, 영화평론가, 1968-

OKS ARE
E MOST
JOYABLE
NMENT
WORLD.

Lee Dong-jin

WRITING NOTE

당신의 마음을 움직인 문장들을 외울 때까지
반복해서 적어보세요.

WRITING NOTE

WRITING NOTE

WRITING NOTE

WRITING NOTE

WRITING NOTE

WRITING NOTE

.　　　.

WRITING NOTE

WRITING NOTE

WRITING NOTE

WRITING NOTE

WRITING NOTE

WRITING NOTE

WRITING NOTE

WRITING NOTE

WRITING NOTE

INDEX

A

ABRAHAM LINCOLN	아브라함 링컨	미국 전대통령, 1809~1865
ALBERTO MANGUEL	알베르토 망구엘	작가, 1948~
ALICE HOFFMAN	앨리스 호프만	작가, 1952~
ANNA QUINDLEN	안나 퀸들렌	작가&언론인, 1953~
ARTHUR HELPS	아서 헬프스	작가, 1813~1875
ARTHUR SCHOPENHAUER	아서 쇼펜하우어	철학자, 1788~1860
AUSTIN PHELPS	오스틴 펠프스	성직자&교육자, 1820~1890

B

BARACK OBAMA	버락 오바마	미국 전대통령, 1961~
BENEDICT CUMBERBATCH	베네딕트 컴버배치	배우, 1976~
BILL GATES	빌 게이츠	기업가, 1955~
BILL WATTERSON	빌 워터슨	만화가, 1958~

INDEX

C

C.S. LEWIS	C.S. 루이스	소설가, 1898~1963
CARL SAGAN	칼 세이건	천문학자&작가, 1934~1996
CHARLES DARWIN	찰스 다윈	생물학자, 1809~1882

D

DR. SEUSS	닥터 수스	만화가&작가, 1904~1991

E

ELON MUSK	일론 머스크	기업가, 1971~
EMMA THOMPSON	엠마 톰슨	배우, 1959~
EMMA WATSON	엠마 왓슨	배우, 1990~

F

FRAN LEBOWITZ	프랜 레보위츠	영화배우&작가, 1950~
FRANCIS BACON	프랜시스 베이컨	사상가, 1561~1626

FRANZ KAFKA	프란츠 카프카	소설가, 1883~1924

G

GAIUS JULIUS CAESAR	율리우스 카이사르	정치가, B.C. 100~B.C. 44
GEORGE ELIOT	조지 엘리엇	작가, 1819~1880
GEORGE R.R. MARTIN	조지 R.R. 마틴	작가, 1948~
GROUCHO MARX	그루초 마르크스	배우&코미디언, 1890~1977
GUSTAVE FLAUBERT	귀스타브 플로베르	소설가, 1821~1880

H

HARPER LEE	하퍼 리	소설가, 1926~2016
HARUKI MURAKAMI	무라카미 하루키	작가, 1949~
HELEN KELLER	헬렌 켈러	교육자&작가, 1880~1968
HENRY WARD BEECHER	헨리 워드 비처	성직자, 1813~1887

INDEX

HOLBROOK JACKSON	홀브룩 잭슨	저널리스트&작가, 1874~1948

I

IMMANUEL KANT	임마누엘 칸트	철학자, 1724~1804
IRVING STONE	어빙 스톤	작가, 1903~1989
ITALO CALVINO	이탈로 칼비노	소설가, 1923~1985

J

JACQUELINE KELLY	재클린 켈리	아동 문학가, 연도미상
JEANETTE WINTERSON	재닛 윈터슨	작가, 1959~
JEAN-PAUL SARTRE	장 폴 사르트르	철학자&작가, 1905~1980
JODI PICOULT	조디 피콜트	소설가, 1966~
JOHANN WOLFGANG VON GOETHE	괴테	철학자, 1749~1832
JOHN BERGER	존 버거	작가&미술 평론가, 1926~2017

JOHN GREEN	존 그린	소설가, 1977~
JOHN LOCKE	존 로크	철학자, 1632~1704
JOHN LYLY	존 릴리	작가, 1554~1606
JOHN RUSKIN	존 러스킨	평론가, 1819~1900
JOHN STEINBECK	존 스타인벡	소설가, 1902~1968
JOHN WAYNE	존 웨인	배우, 1907~1979
JORGE LUIS BORGES	호르헤 루이스 보르헤스	철학자&작가, 1899~1986
JOSEPH BRODSKY	조셉 브로드스키	시인, 1940~1996
JOYCE CAROL OATES	조이스 캐롤 오츠	소설가, 1938~

K

KARL LAGERFELD	칼 라거펠트	디자이너, 1933~2019
KURT COBAIN	커트 코베인	가수, 1967~1994

INDEX

L

LAURIE ANDERSON	로리 앤더슨	감독&배우, 1947~
LEE DONG-JIN	이동진	영화평론가, 1968~
LENA DUNHAM	리나 더넘	영화 감독&배우, 1986~
LEVAR BURTON	레바 버턴	배우&감독, 1957~

M

MALCOLM X	말콤 엑스	미국 인권 운동가, 1925~1965
MARCUS TULLIUS CICERO	마르쿠스 툴리우스 키케로	정치가&사상가, B.C. 106~B.C. 43
MARGARET ATWOOD	마가렛 애트우드	작가, 1939~
MARY SCHMICH	메리 슈미히	기자, 1953~
MATTHEW KELLY	매튜 켈리	작가, 1973~
MICHAEL JACKSON	마이클 잭슨	가수, 1958 ~2009
MONTESQUIEU	몽테스키외	사상가, 1689~1755

INDEX

N

NEIL GAIMAN	닐 게이먼	소설가, 1960~
NICK HORNBY	닉 혼비	소설가, 1957~
NORA EPHRON	노라 에프론	영화 감독, 1941~2012
NORTHROP FRYE	노스롭 프라이	평론가, 1912~1991

O

ORHAN PAMUK	오르한 파묵	소설가, 1952~

P

PABLO PICASSO	파블로 피카소	화가, 1881~1973
PAUL AUSTER	폴 오스터	소설가, 1947~

R

RALPH WALDO EMERSON	랄프 왈도 에머슨	시인&사상가, 1803~1882
REESE WITHERSPOON	리즈 위더스푼	배우, 1976~

INDEX

RENÉ DESCARTES	르네 데카르트	철학자, 1596~1650
RICK HOLLAND	릭 홀랜드	시인, 1978~
ROBERTO BOLAÑO	로베르트 볼라뇨	소설가, 1953~2003
ROBERTSON DAVIES	로버트슨 데이비스	소설가, 1913~1995
RUTH BADER GINSBURG	루스 베이더 긴즈버그	법조인, 1933~2020

S

S. I. HAYAKAWA	S. I. 하야카와	학자&정치인, 1906~1992
SARAH JESSICA PARKER	사라 제시카 파커	배우, 1965~
SHERMAN ALEXIE	셔먼 알렉시	작가, 1966~
SUSAN SONTAG	수잔 손탁	소설가, 1933~2004

T

T.S. ELIOT	T.S. 엘리엇	시인, 1888~1965

THEA DORN	테아 돈	작가, 1970~
THEODORE ROOSEVELT	시어도어 루즈벨트	미국 전대통령, 1858~1919
THOMAS FULLER	토마스 풀러	성직자&역사가, 1608~1661
THOMAS JEFFERSON	토마스 제퍼슨	미국 전대통령, 1743~1826
TOM BISSELL	톰 비셀	저널리스트, 1974~
TOM CLANCY	톰 클랜시	소설가, 1947~2013

U

UMBERTO ECO	움베르토 에코	소설가&철학자, 1932~2016
URSULA K. LE GUIN	어슐러 K. 르 귄	소설가, 1929~2018

V

VINCENT VAN GOGH	빈센트 반 고흐	화가, 1853~1890
VIVIENNE WESTWOOD	비비안 웨스트우드	디자이너, 1941~